TUTANO

TUTANO

ANA MARTA CATTANI

Poemas

1ª edição, São Paulo, 2023
[1ª reimpressão]

LARANJA ● ORIGINAL

Para Fernando, Ize e Aurélio, amores

Para Fabrício, Angélica, Dirceu e Ismar, inspirações

Sumário

11	Feliz Aniversário
13	Cerillas
14	Teste de Apgar (0-10): 3
15	Rodapé
16	Poema com sereia
18	Manifesto Moletom
20	Às três da tarde
21	Herança
22	Proporção
23	Numa bandeja de prata
24	Torradas
25	Insônia
26	Terapêutica
27	Rastreamento à moda antiga
28	Poema para os teus ossos
30	Quisera
31	Queria mesmo
32	Armadilha
33	Lavadora de roupas
34	Parábola amarela
35	Fole
36	Apontamentos sobre a respiração
37	Microbiota & outros monstros
38	Manual de comunicação

39	Por culpa dos aviões
40	Rastreamento em tempos modernos
41	Classificados
42	Bruxismo
43	Enrodilhados
44	Poema com cachorro
45	Nefelibata
46	Everlasting love
47	Corcel branco
48	Black wheelbarrow
49	Poeta
50	Código de Processo Penal, art. 197
51	Do direito à lambança
52	Pensando em você logo cedo
53	Punho cerrado
54	Depois da chuva
55	Zunido
56	Cinema
57	A Califórnia é um lugar agradável
58	Jean-Nicolas fugiu pra Abissínia de Kombi
59	Mikhail desapareceu no Lago Titicaca
60	George foi morto na Guerra do Alçapão
61	The Revenants
62	Alone at last with you
69	Rimbaud

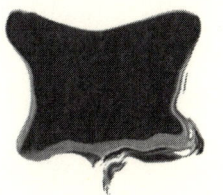

Feliz Aniversário

1.
no dia em que completei 8 anos Clarice Lispector morreu
minha amiga dá uma risada
diz que tudo é acaso e datas não importam
>*se ao menos ela tivesse morrido antes do seu nascimento*
>*quem sabe você reencarnaria como Clarice*

talvez ela tenha razão
meu pai não me telefonou no dia do meu aniversário

2.
em 9 de dezembro de 2002
um engenheiro detonava 250 quilos de dinamite
implodindo o Carandiru
enquanto eu comemorava meus 33 anos
em 9 de dezembro de 1969
no mesmo dia em que nasci
a fita adesiva foi inventada por Andrew Lloyd Webber
em 9 de dezembro de 1531
a Virgem de Guadalupe apareceu pela primeira vez
sigo esperando por ela

3.
Clarice nasceu em 10 de dezembro de 1920
Clarice morreu em 9 de dezembro de 1977
neste dia na pizzaria Zi Tereza na Rua Pamplona
eu e meus amigos devorávamos fatias de marguerita
cantávamos parabéns e comíamos brigadeiros
minha amiga tem o mesmo nome da pizzaria: Teresa

4.
dizem que as pessoas nascidas em 9 de dezembro
tendem a acumular mais ácaros nos cílios
você nasceu em 9 de dezembro por isso sabe
é preciso cuidar bem dos cílios
ácaros não são empecilho para piscadelas
tampouco atrapalham o funcionamento das pálpebras
às vezes pode acontecer uma sobrecarga do canal lacrimal
(foi o que ocorreu com John Milton
por isso ele usava óculos escuros)
olhos inflamados ficam vermelhos irritadiços
lágrimas são produzidas com frequência
isso é uma desculpa perfeita
tão boa quanto cortar cebolas você pensa

5.
como se adiantasse tapar a boca com fita adesiva
para não nomear a doença
dizer só   *ele anda meio esquecido*

Cerillas

Estou encolhendo
já sou menor
que minha filha
agora posso gritar
do alto dos meus chinelos:
soy mayor
a cada ano sou
mayor
até que um dia vou ser
más mayor
que minha avó
vou encolher tanto (e tudo)
até caber inteira
na caixinha de fósforos.

Teste de Apgar (0-10): 3

cabeça de bebê encaixada no quadril
os ilíacos duas orelhas de elefante
se abrem num voo
ela escorrega
tobogã púbico

nenhum choro

[trinta e sete segundos]

respira
respira
respira

ela enfim

Rodapé

a sereia não tem calcanhar

Poema com sereia

criar uma sereia
é como
criar uma sereia

você vai à Liberdade
compra um futon
acomoda a sereia sobre ele

o vizinho de baixo comenta
que cheiro de peixe!

você varre as escamas
separa o lixo orgânico

o vizinho de cima interfona
que barulheira é essa?

você coloca a sereia no armário
pede pra ela cantar baixinho
mas um pedaço da cauda fica
                                pra fora

a sereia está ressecada
um pouco anêmica
os vizinhos parecem mais calmos

você e ela pegam o ônibus
avistam o Tietê
a sereia acha lindo
espumas brancas
capivaras você explica
não é saudável nadar aqui

você aluga um carro
vão passear na praia
diz eu te amo nadam juntas
pegam jacaré
então a sereia agita o rabo no ar
dá um mergulho
promete visitar aos domingos

os vizinhos te cumprimentam
bom dia tudo bem
boa tarde como está

um dia você baixa
o aplicativo Virtual Mermaids
acessos ilimitados

ninguém mais precisa
criar uma sereia

Manifesto Moletom

serei só quadril?

quadril pra dançar
quadril pra parir
quadril serve pra quê

quadrilon
moletom
    [quadrilon é uma pomada de uso dermatológico]
    [moletom é uma metonímia]

quadril andarilho
quadril violino
quadril Martha Rocha
90   91   92
1 cm ainda é o cerne
7 décadas depois

quadril em inglês é hip
quadril em francês não sei
moletom em inglês não é moleton

na aula de português aprendi
coletivo de quadril é quadrilha

na aula de educação sexual aprendi
cavidades femininas cavidades masculinas
a passagem do feto pela cavidade pélvica

na aula de boas maneiras aprendi
menina tem de sentar com pernas fechadas
não deve vestir roupa apertada

é tudo questão de educação
o quadril
mais à direita
mais à esquerda

                    bum   bum
paticumbum
                            prugurundum

remexe ó, assoalho varonil

Às três da tarde

Sinto tanto frio ela diz
encolhida na poltrona ao lado da janela
É o frio que me desconcerta
está sol mesmo assim sinto frio ela diz
Pego o cobertor
dobro ao meio
coloco sobre seus joelhos
É a artrite você sabe
essa danada da artrite ela diz
Tudo bem eu digo
segurando suas mãos
dedos entortando
nos meus
Quer um xale eu digo
Ela não me ouve mais
de olhos fechados
encolhida
na poltrona
ao lado da janela.

Herança

craquelada
como este prato de porcelana

Proporção

o olho vai ficando maior
a gente vai ficando menor

muitos gramas por mês
meio centímetro por ano

sai pra lá olho gordo

vou ser rechonchuda e baixinha
como o açucareiro da vovó

Numa bandeja de prata

leio um jornal de papel. daqueles grandões, 75 x 35, que a gente pega com as duas mãos e abre ao meio e se esconde atrás. um jornal-gabardine para agentes secretos. leio notícias que se sabem velhas de antemão. me dá uma quase calma saber que ainda não sei aquilo que todo mundo já sabe. como se as manchetes esperassem só por mim. cabeçalhos, se diz em portugal. headlines. caput. uma katana de samurai e zás! bom é não ter cabeça alguma. as rolantes não correm o risco de caducar.

Torradas

todo dia compro dois pãezinhos
por que insisto se você não está aqui
faz três meses sobra tanto pão
de ontem anteontem

corto o pão amanhecido
com a faca de lâmina serrilhada
espalho na assadeira as fatias
gosto bem escurinhas você dizia

giro o botão acendo o forno
o horário de visita acaba às oito
vou te ver amanhã cedo
levo as torradas na lata de panetone

na volta vou passar na padaria
compro mais dois pãezinhos
e quem sabe aquela manteiga
de São Sebastião do Paraíso

Insônia

1.
só ontem entendi
é o café que eu amo
não as tuas mãos apalpando o coador de pano
não os teus óculos embaçados com o vapor da chaleira
não a espessura do teu pulso sustentando o bule
não o resvalo dos teus dedos nos meus
um segundo antes de me passar a caneca

2.
só ontem entendi
não é o café que eu amo –
as tuas mãos apalpando o coador de pano
os teus óculos embaçados com o vapor da chaleira
a espessura do teu pulso sustentando o bule
o resvalo dos teus dedos nos meus
um segundo antes de me passar a caneca

3.
o café
as tuas mãos apalpando
os teus óculos embaçados
a espessura do teu pulso
o resvalo dos teus dedos
um segundo antes de

Terapêutica

minha nuca ondula
entre os seus polegares

você aperta o occipital
e desliza as mãos

um botão da minha camisa foge
-me o fôlego

*   *

entre a massagem e a morte
a diferença é a pressão do toque

Rastreamento à moda antiga

grudo 206 etiquetas com o teu nome
uma em cada osso do meu corpo

grudo 206 etiquetas com o meu nome
uma em cada osso do teu corpo

Poema para os teus ossos

1.
escrevo para os teus ossos
mal me aguento de inveja
do técnico de raio xis

ah, imagina só
todos os teus 206 ossinhos
uma radiografia emoldurada na parede:

Jean-Nicolas
Esqueleto Deitado
branco cintilante sobre fundo preto opaco
75,5 cm x 50,1 cm
sem data

2.
escrevo para os teus ossos
faço figas para que o exumador
te desenterre inteiro

ah, imagina só
todos os teus 206 ossinhos
um altar mexicano de sete níveis:

eu te faria mil oferendas –
uma dose da melhor tequila
girassóis fresquinhos
do jeito que você gosta –
entoaria cânticos em náuatle declamaria
códices pré-colombianos de trás para diante
e depois comeria tua caveira
como se fosse de chocolate

3.
meu reumatologista disse que
esse tecido líquido-gelatinoso
em minhas cavidades
é o teu tutano

recomendou
                      repouso

Quisera

quisera ajoelhar-me numa quinta-feira, santa, lavar teus metatarsos um por um, morder minudente teu calcanhar, medir com a língua a distância entre teus maléolos, quisera beber on the rocks nos teus pés, teus pés que nunca vestem camisas, quisera esta palavra, quisera, queria arruinar-me a teus pés.

Queria mesmo

Queria mesmo é picotar
tuas camisas
como avesso de alfaiate
Afiar o giz e riscar
cada polegada do teu dorso
Devorar teu úmero
Devorar teu outro úmero
Em vez disso
engomo poemas com o
ferro e finjo
e tento alinhavar
sílabas e espeto
alfinetes nos pulsos até
jorrar sangue.

Armadilha

pudera dizer-te tudo o que sinto, dizer a você o que sinto, direto e sem hífen, mas só posso dizer-te banalidades de elevador, pudera enguiçar entre dois andares, elevador antigo é uma merda, nem o botão de emergência funciona, o celular tá sem sinal, nossa, você tá suado, é claustrofobia é?, dá licença, posso abrir o botão?, tira a camisa, isso, tá muito calor aqui, pelo jeito vai demorar, prédio velho é uma droga, não tem gerador de emergência, e essa gotinha de suor escorrendo até o umbigo, deixa eu abrir aqui, vou cuidar de você, tá demorando né?, demora mais, pudera demorar tanto e sempre

Lavadora de roupas

quando você me conceder o benefício de suas manhãs
vou vestir uma a uma as suas camisas
    (você desconfiado esconde a tesoura)
vou derramar café nas suas mangas
    (você apressado procura o tira-manchas)
vou me lançar dentro da sua lavadora e
brincar com as suas bolhas   de sabão
    (você abobalhado tenta acionar o pause)
quase saboreio a brisa no varal

Parábola amarela

certa mulher pretendia
embebedar-se como Jean-Nicolas

em vão contou os chopes
que escorriam por suas coxas

em vão ensaiou mijar para os céus
bem alto bem ereta

aprendeu com os cachorros:
levanta a pata traseira
aponta diretamente para o chão
esguicha em diagonal

* *

refestelada com minhas virilhas
de quatro sobre o forro de jornais
leio as notícias lambuzadas
gozo pensando em você

Fole

se eu deslizasse a mão sobre o teu ombro. encaixasse pouco a pouco os dedos no minúsculo espaço entre o escaleno e a cartilagem da tua primeira costela. minha mão incrustada na geometria exata da tua clavícula como pedrinha no mosaico. ah, tudo isso e ainda a tua respiração.

Apontamentos sobre a respiração

o diafragma é o chão da caixa torácica.

* *

se perco o chão, a caixa torácica despenca.

* *

perder o fôlego não é perder o chão.

* *

você chega de repente. você vai embora. você volta. você está atrasado. você diz que vem. você me convida. você não vem. eu finco os dentes numa maçã verde e sonho que fiquei banguela. tudo isso tem a ver com a perdição do fôlego.

* *

o despencamento da caixa torácica é muy raro.
só ocorre em determinadas circunstâncias. como a
aurora boreal & trufas.

Microbiota & outros monstros

1.
aos quinze li As Meninas da Lygia Fagundes Telles e anotei a frase *podre de chique ser engolido por um monstro no lago escocês*. desde então, coleciono engolimentos: Pinóquio, Gepeto e a baleia, os filhos de Cronos, a jiboia do Pequeno Príncipe. nas últimas décadas, cientistas descobriram: o sistema digestivo tem mais de 500 milhões de neurônios e fabrica 90% de toda a nossa serotonina. anotei isso também. mas só agora é que percebi. não se trata de uma questão literária e nem científica. é sobrevivência mesmo.

2.
as descobertas científicas são um alento. sabe-se que cada indivíduo é habitado por um bando de 100 bilhões de bactérias que vivem no sistema digestivo, a microbiota. no ano de 2013, a Dra. Kirsten liderou uma pesquisa sobre a relação cérebro-intestino. anotei isso também: sentimos emoções na barriga. o que comemos afeta as funções do cérebro. me apetece pensar que posso ser curada de você com uma simples dieta. devo adotar uma alimentação à base de churrasco e baldinhos de doce de leite mineiro. as bactérias do intestino ficarão contentes. meus neurônios gástricos inundarão meus neurônios cerebrais com mensagens otimistas.

Manual de Comunicação

1.
primeiro é preciso contar a quantidade de sapos entalados na traqueia. há de se considerar que sapos menores não entalam. escorregam ladeira abaixo e se instalam no estômago. contar os sapos grudados nas mucosas do estômago é um trabalho mais complexo e nojento. talvez seja necessária uma endoscopia.

2.
os engolimentos se acumulam ao longo dos anos e os sintomas são múltiplos: gases, estufamento, unhas quebradiças, etc. não dê trela ao Dr. Varella. persista.

3.
nas tardes de chuva veranil, a sapaiada passeia na grama. cuidado onde pisa.

4.
em algum momento, será preciso expulsar todo os sapos, grandes, médios e pequenos. isso deve ser feito em golfadas vigorosas e rápidas, de preferência valendo-se de um vasilhame fundo com tampa, para evitar fugas.

5.
agora preciso treinar minha mudez.

Por culpa dos aviões

ando meio descabelada. bem que me avisaram para não alugar apartamento perto do aeroporto. mas o aluguel era barato e o corretor tão gente fina. deve ter algo a ver com a dissipação da energia eletrostática durante a decolagem e o pouso. talvez isso interfira também nas linhas telefônicas. os celulares sempre fora de área. as mensagens sempre sem resposta. ando muito descabelada. só pode ser a eletrostática.

Rastreamento em tempos modernos

Se eu pudesse te detectar
só um pouquinho
software chip drone
se eu pudesse
só um pouquinho
te encalçar
te encontraria por acaso
naquele bar
em que nunca fomos
beberíamos um vinho ruim
é julho faz fondue
recitaria poemas no teu ouvido
até você me dizer
meio sem jeito
que não entende nada de poesia
se eu soubesse bem que podíamos
tomar outro vinho?
te sirvo uma taça
antes que você me diga
que prefere cerveja
só mais um pouquinho você diz
meio sem jeito
tiro a sua tornozeleira eletrônica
(sempre fui habilidosa com esses artefatos)
você se impressiona
você me agradece
você pede a conta
brindo sozinha a Ada Lovelace
amanhã recomeço.

Classificados

Precisa-se de um homem no vão da escada
que estenda lençóis em cabana pela casa
costure os jardins pétala por pétala
deixe secar lavandas ao sol
que goste de ficar & aprenda a ficar
& saiba ir embora de vez em quando
que dance nas noites de insônia
como um felino a pedir perdão
que estenda as mãos em cuia
com unhas sujas de terra roxa
para dar de beber à moça deitada
um homem esquartejado
que possa ser deglutido em avos
um homem solúvel em óleo
com os punhos nos bolsos furados
que venha consumível em pílulas
& despencado em ternura
que caiba em abraços
que caiba em mim que caia em si
um homem que decore o nome de todos os meus cabelos
um homem em decúbito dorsal ao meu lado
um homem para enfiar minha mão
entre suas costelas.

Bruxismo

algum dia hei de aprender com os sábios da matilha
um feitiço eficiente para travar minhas maxilas
sobre o teu nariz

Enrodilhados

repara
no cachorro bafejando
ao meu lado no sofá enquanto
me entupo de lexotans & rivotris

repara
ele não é o seu pulmão

Poema com cachorro

Um cachorro quase submerso
é um cachorro
como outro qualquer, meu amor
Ele está bastante
molhado, ele está sentindo
o peso da água sobre
seus pelos endurecidos
Um cachorro quase submerso
é uma cabeça
de cachorro, meu amor
Uma cabeça que late
um tanto ofegante
Às vezes, o peso do
corpo encharcado
faz o cachorro afundar
A cabeça engasga e naufraga
Fear not, oh my adored one!
Repousa tua língua
entre minhas coxas,
abandona teu dorso molhado
sobre o meu
Vamos nadar até a exaustão e
enterrar nossos ossos
na água.

Nefelibata

hoje é sexta-feira 13
do cimo do outeiro
escuta-se meu uivo:

    cérebro de bergamota
    corpinho de betoneira

    saltimbanco sacripanta
    escafandrista détraqué

    escaninho de mamute
    tropeção de carrapato

graças a ti condenada estou
a ser necas de pitibiriba

Everlasting love

Na farmácia da esquina toca sempre a mesma playlist. Sei disso porque tomo muitos remédios. Tem uma música em inglês que eu adoro mas só entendo um tiquinho do refrão – *lá-lá-lá-lá... love*. Um dia encasquetei e quis descobrir qual era. Baixei o Shazam e em poucos segundos soube: *Everlasting Love*. A canção foi escrita por Buzz Cason e Mac Gayden, gravada em 1967 por Robert Knight e emplacou o 13º lugar na parada US Top. Carl Carlton regravou-a em 1974, alcançando a 6ª posição no US Top. Depois, *Everlasting Love* foi gravada por mais de vinte artistas. Eu gosto é da versão do U2, a voz rouca do Bono Vox rimando: *need you by my side, come and be my bride.*

Corcel branco

procuro uma pracinha com coreto
pra gente casar no domingo
numa igreja cor de pêssego

tem que ter uma figueira de raízes gordas
pra rebentar as pedras portuguesas
do chão da pracinha

tem que ter banco de cimento
pra gente tirar retrato
os dois sentados debaixo da jaqueira

vou mandar fazer o vestido cor de jabuticaba
pras beatas exclamarem óóó
quando eu descer do Corcel 73
em frente à igreja cor de pêssego

a banda vai tocar *Everlasting Love*
a gente diz sim

a festa é na pracinha enfeitada
nossos amigos tomam sorvete Bêjobom
a banda no coreto toca *Vaca Estrela & Boi Fubá*

a lua ilumina as lápides

a gente trepa
no cemitério atrás da igreja
meu vestido cor de jabuticaba
respingado

Black wheelbarrow

e se fosse um dia
sem galinhas

na avenida
ensolarada

um carrinho
de mão na esquina

repleto de
jabuticabas?

Poeta

cheirador de soneto
fita métrica como seda
hiperdose de mots justes

Código de Processo Penal, art. 197

O valor da confissão se aferirá, Sylvia
pelos critérios adotados para os outros
elementos de prova, Anne
e para a sua apreciação
o juiz deverá

Do direito à lambança

todos têm direito a sonhar sonhos de baunilha

Pensando em você logo cedo

café sem açúcar. inspiro. manteiga boa. ar nas costelas. expiro. trilha de saúvas no chão. inspiro. broche de cálcio no peito. expiro. esmago. uma por uma.

Punho cerrado

cravo minhas unhas na palma da mão
a sequência impressa na carne
quatro minguantes
sobre a linha do amor

Depois da chuva

piso as flores amarelas
passo o dia a esperar as pétalas
desgrudarem da sola do sapato

Zunido

a insistência
pernilonga
com que te peço

Cinema

me flagro imaginando
o dorso da tua mão
azul
imóvel
sobre a articulação

escuto
o estralar da tua patela

amo de paixão
tua condromalácia

A Califórnia é um lugar agradável

eu podia ficar aqui
    com você pra sempre
        [cliché!]
    borboletas no estômago
a terra treme e
            se abre sob meus pés
                [mon dieu!]
nós dois bem agarrados
debaixo
    deste
        batente
            [touché!]
foram só dois minutos
cinco graus na escala richter
                [désolée!]

Jean-Nicolas fugiu pra Abissínia de Kombi

Jean-Nicolas escandia versos
tamborilando na minha virilha.
Demorava nos decassílabos sáficos,
me pedia baixinho para engolir o S:
On dit seulement NI-CO-LÁ, ma chérie.
Jean-Nicolas, você foi, você foi,
você foi e não voltou.
Nunca me esqueci de seu sotaque
de champanhe, bradando na hora H:
Enjambement!
Jean-Nicolas, você deu perda total,
e é por essas e outras que os poetas
não deviam ter carteira de motorista.

Mikhail desapareceu no Lago Titicaca

Mikhail era um lobo-guará,
dançava como um bailarino russo.
Me chamava de wolfmother -
obviamente eu odiava.
Não tenho idade pra ser tua mãe!
Mikhail, o rei da matilha,
botava a sapatilha
me raptava numa pirueta hábil.
Nosso amor era um pas de deux desconcordante,
nosso beijo um meteórico grand jeté.
Até hoje, Mikhail, sinto teu rabo em mim.

George foi morto na Guerra do Alçapão

George, que nem tinha aparecido
nestes poemas, até aparecer de repente
morto no título.
George, que era lindo e manco,
cozinhava, costurava e regava as plantas.
George, que adorava trepar
no cemitério da Consolação,
não escondia o tesão pela irmã e
o gosto por rabanetes e queijo tofu.
George nem sequer me levou à praia,
mas sussurrava Venezas no meu ouvido.
Ai, deusas, que saudade do George!
Aquele sim é que era homem de verdade.

The Revenants

a Estrela Dourada consome seu próprio interior. the end is near.

ela colapsa sobre si mesma, turbilhão de prótons e elétrons, nêutrons   nêutrons   nêutrons

enfim o silêncio do buraco negro. alone at last.

take my hand, take my HOLE life too. o botão on é acionado. pousser s'il vous plait, premer, press the botton. a Grande Cúpula se fecha, estamos recolhidos sob a Bolha.

hace frío, mucho frío. o click de um aquecedor. pousser le bouton again. você diz *I love you so bad* e segura minhas mãos. então me lembro que nesse tempo seremos apenas poeira, não há mais mãos.

ricocheteamos dentro de um acelerador de partículas, eu e você, prateados, zigue-zague zigue-zague zigue-zague até atingir agora.

sim, a velocidade máxima de aceleração. você ainda busca minhas mãos como se as houvesse. non me ne frega niente. nossas partículas liquefeitas.

c'est possible de revenir? eu é você, você sou eu.

Alone at last with you

1.
quero abrir a sua geladeira
desde o primeiro dia quero abri-la
faz seis meses que me mudei
pra esse condomínio
e não quero outra coisa
que não seja
ver a sua geladeira aberta
deve ser porque a geladeira
fica na sala
mas talvez seja porque a geladeira
é vermelha com uma caveira em cima
tem outros cacarecos também
um galo de Barcelos
um telefone antigo
um rinoceronte ou um elefante?
daqui da minha janela
não consigo ver muito bem
tem dias que você fecha as cortinas
minha vida perde o sentido
já os dias de faxina
são a glória suprema
você escancara as janelas
a geladeira resplandece
nesses dias consigo até avistar
as fotos grudadas
na lateral da sua geladeira
Gandhi, Mandela, Che Guevara e
aquele ali de bigodinho é Hitler?
o que isso diz sobre você
nazista anti-racista
guerrilheiro pacifista

um homem solitário – à mercê de
impulsos desencontrados
se eu pudesse
abrir a sua geladeira
talvez descobrisse
você é vegano
tem intolerância à lactose
guarda os restos de miojo na panela
e pedaços de frango só o osso
são mais de 180
dias sonhando
com a sua geladeira aberta

2.
penso em ficar de tocaia
você abre a porta vermelha
assisto de camarote
à grande revelação

3.
descobri que a sua geladeira
está cheia de livros
não consigo esconder
certa decepção
uma geladeira desligada
é uma geladeira morta

4.
hoje um rapaz foi morto
na esquina de casa
o corpo estendido na calçada
o garçom da lanchonete cobriu
com uma toalha xadrez
dizem que
tinha dezessete anos
reagiu a um assalto
dois caras um tiro na boca
levaram o celular e a caveira
o galo de Barcelos
o elefante
o corpo ficou estendido na calçada
depois se levantou e andou

5.
meu rosto derrete
decido comprar um binóculo
o Skymaster Giant
olho novamente a foto de Hitler
miro no bigodinho e ajeito o foco
agora percebo com grande alívio
não é Hitler
voilà, Chaplin, *O grande ditador!*
o que isso diz sobre você
um apreciador do cinema mudo
o que isso diz sobre mim

6.
preciso urgentemente
ver a sua geladeira
aberta de novo
esquadrinhar as lombadas
de todos os seus livros
(o Skymaster amplia em até quinze vezes a imagem)
acho que sentenciei mal
afinal uma geladeira cheia de livros
não pode ser tão ruim assim
talvez você seja um leitor faminto
talvez você seja um escritor famoso
talvez ambos ou
apenas herdou esses livros
e os escondeu na geladeira
porque detesta ler

7.
você comprou cortinas novas
tecido bem grosso com blecaute
será que desconfiou?

8.
as cortinas estão fechadas
o Skymaster é inútil
procuro ler
os livros me fazem lembrar
da sua geladeira

9.
você me odeia silenciosamente?
escuto *Por una Cabeza*
a gravação de 1935 remasterizada
o chiado da agulha
nas ranhuras do disco
um coro de vozes masculinas
abafado pelo vozeirão de Carlos Gardel
por una cabeza, todas las locuras
verifico:

minha cabeça ainda está aqui
atarraxada
em cima
  do
pescoço

10.
de madrugada escuto *Por una Cabeza*
no modo repeat
gravações de várias épocas
(os agudos de Andrea Bocelli inundam a sala)
assisto a uma reportagem
sobre a internet das coisas
como ondas de radiofrequência e sensores
formam uma rede de objetos inteligentes –
um mar de feixes invisíveis
conectando gente e coisa –
os objetos podem conversar conosco
eles têm vida

continuo de olhos bem abertos
essa merda de cortina blecaute

11.
um elefante foi morto
lutou por horas a fio
com outro elefante
afinal tombou
ele era o líder
o cadáver ficou estendido perto do rio
coberto por uma toalha xadrez
a manada velou o elefante por dias
vieram os homens
arrancaram os marfins
e com um trator
enterraram o elefante
(nenhuma fresta entre as cortinas)

12.
o zelador me disse
que você está viajando
as cortinas fechadas

o zelador também me disse
que as suas chaves
ficam na portaria

13.
querido w.

devorei os livros que estavam
na sua geladeira
tão suculentos
as lombadas com nervuras
as guardas estampadas com
desenhos multicoloridos
os títulos em relevo dourado
me perdoa não resisti
estavam deliciosos

beijos da sua

a.

Rimbaud

Jean-Nicolas c'est moi,
enroscada nos cadarços,
um pé perto do coração &
outro pé na tua cara.
Faltam-me joelhos & cotovelos:
ligamentos hipermóveis
não articulam palavras,
não sustentam um poema.
Prefiro Pixote ao Pivete Sonhador.
Não espalho migalhas nem rimas
à beira do atalho.
Preciso de estrelas equiláteras
para sentir o céu sob os pés.
Na melhor das hipóteses, vou
continuar assim –
rarefeita & irrequieta.
Last but not least:
por que chamam você
só pelo sobrenome?

© **2023 Ana Marta Cattani**
Todos os direitos desta edição reservados à Laranja Original.

Edição	Germana Zanettini
Capa e projeto gráfico	Gustavo Marcasse
Foto da autora	Luciana Cattani
Produção executiva	Bruna Lima

Laranja Original Editora e Produtora Eireli
Rua Capote Valente, 1198
05409-003 São Paulo - SP
Tel. 11 3062-3040
contato@laranjaoriginal.com.br
www.laranjaoriginal.com.br

Dados Internacionais de Catalogação na Publicação (CIP)
(Câmara Brasileira do Livro, SP, Brasil)

Cattani, Ana Marta
 Tutano : poemas / Ana Marta Cattani. - 1. ed.
São Paulo : Editora Laranja Original, 2023.

ISBN 978-65-86042-79-5
1. Poesia brasileira I. Título.

23-168843   CDD-B869.1

Índices para catálogo sistemático:
1. Poesia : Literatura brasileira B869.1
Eliane de Freitas Leite - Bibliotecária - CRB 8/8415

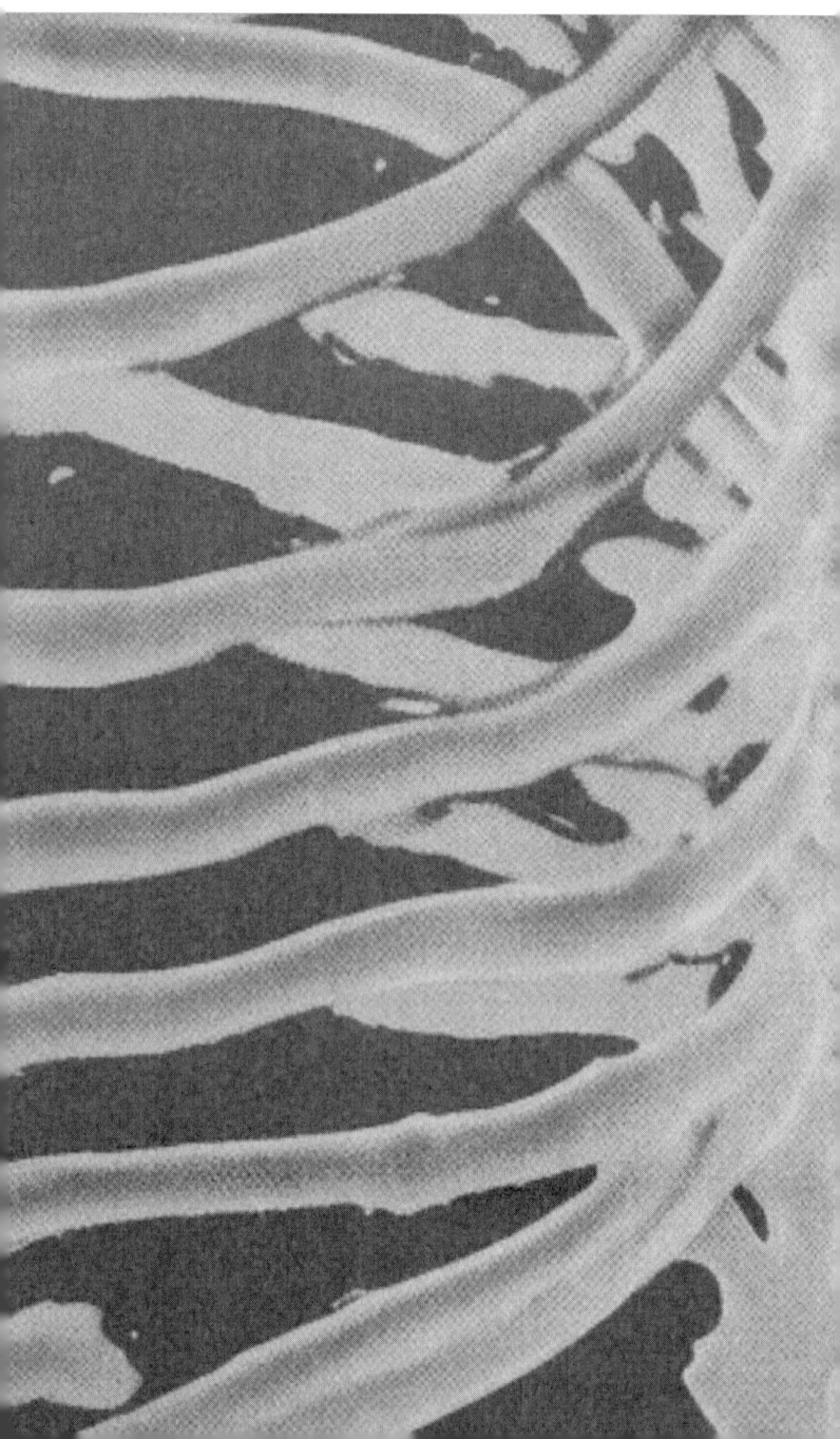